《群読》実践シリーズ

ふたり読み

CD付き

日本群読教育の会＝企画
家本芳郎＝編・脚色

高文研

◆――はじめに

群読はまだ新しい文化である。「大勢で唱えれば、その願いごとはかなうだろう」からはじまった表現文化である。

群読は、大勢で読むのだが、文意にあわせて分担して読む。そこに特徴がある。今日、いろいろな場で、この表現が採用されている。読む楽しさが倍増すると同時に、訴求力が強まるからだ。

わたしたちは、この群読を教育現場にとりいれることで、子どもたちの表現力を育てようと考え、その研究団体として日本群読教育の会を組織した。

その研究・実践のなかで、「みんなで声を出す群読文化」は子どもの発達、とりわけ脳を活性化し、また、協力して表現することで、音読する喜びや楽しさを育て、表現力を磨き、その社会性を育てることも実証されてきた。

これまで、日本群読教育の会では、会員の日々の実践をまとめた『いつでもどこでも群読』『続・いつでもどこでも群読』の二冊（ともに高文研刊）を刊行し、群読教育の普及をはかってきた。幸いにも好評を得ている。

今回さらに、群読教材の領域ごとに、その実践活動を深めるために、各論ごとの《群読》実践シリーズを企画して、刊行することになった。極力ハンディな仕様にして、なるべくＣＤをつけて普及することにした。全十数巻を予定し、できたものから順次刊行をしていく予定である。

本書はその一冊にあたる「ふたり読み」で、小人数でもできる群読実践書である。

本シリーズが、さらに群読教育の研究・実践を深めていくことを期待している。

日本群読教育の会・会長　家本　芳郎

✽——もくじ

3 自分をみつめよう

4 自然をうたおう

5 動物をうたおう

6 楽しい歌を読もう

✻はCD収録作品

ふたり読みの指導法

1　ふたり読みの出発

「学級で群読を」といったら「地域の過疎化で、学級規模が小さくなり、群読ができなくなった」。そんな声が聞かれるようになり、小規模学級・複式学級でもできる「群読」として考えたのが、この「ふたり読み」である。朗読と群読の中間教材として、わたしが開発してきた。ふたりで行う文化活動には、ほかに対話劇や重唱があり、大衆芸能では漫才、歌謡曲ではパートナー・ソングがある。個人の活動に比較して、表現や訴求力が強まり、息を合わせ、声に出して読む楽しさを味わうことができる。

2　ふたり読みの意義

①ふたりで読む楽しさが味わえる

隣席の友、なかよしの友とふたりで読む楽しさを味わうことで、声に出して読む力を伸ばすことができる。集団による文化活動の入門教材である。

②小規模学級の学習教材に最適

どんなに小規模学級でも、たとえば、児童が一人きりしかいなくても、教師とふたりで「ふたり読み」が楽しめる。

③朗読の発展教材に最適

朗読の発展教材に最適である。一人読みの朗読からふたりで読むことで、朗読のわざが交流され、協力して創造する活動の第一歩を踏み出すことができる。

④群読の入門教材に最適

群読の前段階教材にとして、さらに、「ふたり」から「三人、数人」での群読への準備活動ともなる。

⑤家庭の文化活動に役立つ

家庭での文化活動に役立つ。母と子、祖母と孫、夫婦の「ふたり読み」ができる。和やかな団欒文化のある家庭をつくることができる。

3　ふたり読みの記譜法

読み手のふたりに1と2の番号をふり、教材の行頭に、その行はだれが読むのか、その読み手の番号を書く。詩文の中身を考えて、1、2の分担を考える。

12　「土」　三好 達治…………1と2でいっしょに読む。
1　蟻が　蝶の羽をひいて行く…………1が読む。
2　ああ　ヨットのようだ…………2が読む。

4　ふたり読みの読み方

①ふたりのうち、どちらが1か2を読むかをきめる。
②最初に、ふたりで「タイトル」と「作者名」を読む。これは約束事。
③二度読む。一回目は1、2と指定されたように読むが、二回目は1と2を交換して読む。そのとき、相手と同じように読むのではなく、なるべく自分流の、表現を変えて読むようにするといいだろう。

1　蟻が　蝶の羽をひいて行く
2　ああ　ヨットのようだ
2　蟻が　蝶の羽をひいて行く
1　ああ　ヨットのようだ

こう読むと、1と2で読み方の交流ができ、各自が全文を読むことになる。

5　ふたり読みの指導法

①教師がまず範読する（やさしい教材なら子どもたちに斉読させてもよい）。
②つれ読みする。教師が一行読んで、そのあと子どもたちになぞって読ませる法。
③子どもたちに斉読させる。

④教師が1を読み、子どもたちは2を読む。
子どもたちが1を読み、教師が2を読む。
⑤子どもたちを半分にして、右側が1、左側が2を読む。
子どもたちを半分にして左側が1、右側が2を読む。
⑥一班が1を読み、二班が2を読む。
二班が1を読み、一班が2を読む。
以下、班を単位に交替して読みあう。
⑦ふたりずつのペアを作り、1、2を交代して読みあう。
⑧ふたりで、さらにちがう分読を考えて読んでみる。

1 2　「土」　三好　達治

1　蟻が　蝶の羽をひいて行く

1 2　ああ　ヨットのようだ

⑨発表会をもち、感想を述べ合う。

【以下、発展】

⑩教師が用意した詩から好きな教材を選んで、ふたり読みを発表する。
⑪子どもたちが任意にふたり組をつくり、好きな詩文をふたり読みする。

1

言葉で遊ぼう

くちびる たいそう　　まど・みちお

1 2　「くちびる　たいそう」　まど・みちお

1　わらわないで　できるかな
くちびるたいそう
2　は　は　はひふへほ
ほ　ほ　ほへふひは
ははは　はほ
ほほほ　ほは
1 2　できた　できた

2　あわてないで　できるかな
くちびるたいそう
1　ぱ　ぱ　ぱぴぷぺぽ
ぽ　ぽ　ぽぺぷぴぱ
ぱぱぱ　ぱぽ
ぽぽぽ　ぽぱ
1 2　できた　できた

1　もつれないで　できるかな
したべろたいそう
2　ら　ら　らりるれろ
ろ　ろ　ろれるりら
ららら　らろ
ろろろ　ろら
1 2　できた　できた

2　まごつかないで　できるかな
したべろたいそう
1　た　た　たちつてと
と　と　とてつちた
たたた　たと
ととと　とた
1 2　できた　できた

※滑舌法の練習のような詩。一連の滑舌部分は笑い声のように、二連はプッシュホンのように、三連は舌で玉をころがすように、四連はラッパの音のように、それぞれなぞらえて読むとおもしろい。「できた　できた」はリズムがとりにくいので、「でーきた　できた」「できた　できたー」などと読むといいだろう。大いにはしゃぎながら喜びを表現する。

だれもしらない

谷川　俊太郎

1 2 「だれもしらない」　谷川《たにかわ》　俊《しゅん》太郎《たろう》

1 お星さまひとつ　ブッチンともいで
こんがりやいて　いそいでたべて
おなかこわした　オコソトノ　ホ
1 2 誰もしらない　ここだけのはなし

2 とうちゃんのぼうし　空飛ぶ円盤
みかづきめがけ　　空へなげたら
かえってこない　エケセテネ　へ
1 2 誰もしらない　ここだけのはなし

1
としよりのみみず　やつでの下で
すうじの踊り　そっとしゅくだい
おしえてくれた　ウクスツヌ　フ

1 2
誰もしらない　ここだけのはなし

2
でたらめのことば　ひとりごといって
うしろをみたら　ひとくい土人
わらって立ってた　イキシチニ　ヒ

1 2
誰もしらない　ここだけのはなし

※「オコソトノ　ホ」の「ホ」は「首うなだれて困ったあ」というように、「イキシチニ　ヒ」の「ヒ」はびっくりして悲鳴をあげるように、それらしく読む。「1 2　誰もしらない　ここだけのはなし」は「しーぃっ」と唇に指を立てて話すようにひそやかに読む。最後は「だーれもしらない」と伸ばして読んでまとめる。

しらないおとこ　寺田　晃

1 2　「しらないおとこ」　寺《てら》田《だ》　晃《あきら》

1 2　しらないまちの
しらないおとこ
1　でんわがなっても
2　しーらない！
1　ねこふんじゃっても
2　しーらない！

1 2　しらないまちの
しらないおとこ
1　おなかがすいても
2　しーらない！
1　パンツがぬげても
2　しーらない！

1 2　しらないまちの

しらないおとこ
1　おかねがなくても
2　しーらない！
1　おくさんにげても
2　しーらない！

12　しらないまちの
しらないおとこ
1　うちがやけても
2　しーらない！
1　じぶんがしんでも
2　しーらない！

12　しーらない！

※なにがあっても、しらけた口調で「しーらない」という言葉をくりかえす。そのおもしろさを伝えるように読む。最後の「12　しーらない！」は投げ捨てるように読み切る。

ないないづくし　谷川 俊太郎

1 2 「ないないづくし」　谷川《たにかわ》 俊《しゅん》太郎《たろう》

1 2 ないないづくしをもうしましょう
1 まるには　ひとつも
2 かどがない
1 えんしゅうりつは
2 きりがない
1 かびたまんじゅう
2 もったいない
1 よだれをたらして
2 みっともない
1 ほっかいどうは
2 わっかない
1 ふゆはさむいに
2 ちがいない
1 いっぽんみちは
2 あてどない

1　こいぬがいっぴき
2　あどけない
1　かねがないのは
2　しかたがない
1　だけどなんだか
2　たよりない
1　うらないちっとも
2　あたらない
1　かえるはなぜか
2　へそがない
1 2　ないないづくしは　きりがない
ここらでおわりにいたします

※リズムをくずさずに、軽快に、気持ちを込めて読みすすめる。「ない」は少し強調して読む。なお、いろいろな「ない」をつけたして読むといいだろう。「いつも　テストに　まるがない」「いつも　さいふに　カネがない」なんて。

へんなまち　島田 陽子

12　「へんなまち」　島田《しまだ》 陽子《ようこ》

1　きやはる　しやはる　いいやはる
2　よびはる　まちはる　あるきはる
12　はるはる　おおさか　はるのまち

2　よめはん　むこはん　おかあはん
1　おまはん　おばはん　たなかはん
12　はんはん　おおさか　はんがすき

1　おまへん　でけへん　すんまへん
2　かめへん　せかへん　こまらへん
12　へんへん　おおさか　へんなまち

※「はる」「はん」「へん」は大阪弁。「はる」は尊敬・丁寧をあらわす助動詞。「きやはる」は「いらっしゃる」の意。「はん」は「さん」の変化した接尾語。軽い敬意をあらわす。「よめはん」は「およめさん」。「へん」は「する」の打消し「せん」の変化したことばで、打消しをあらわす助動詞。「おまへん」は「いません」の意味。なお、大阪弁の得意な人に読んでもらうと感じがつかめる。「はるはる　おおさか　はるのまち」は「春　春　大阪　春の町」に、かけているようだが、「大阪ははるということばをよく使う町だ」という意味。

2

家族をうたおう

あいづち　　北原 宗積

1 2　「あいづち」　北原《きたはら》 宗積《むねかず》

1　そうかい
そうかい
そりゃあ　たいへんだったねえ

2　つらいはなしには
かおを　くもらせ

1　なるほど
なるほど
そりゃあ　よかった

2　うれしいはなしには
かおを　ほころばせ

2　いまは

むかしほどの　ちからもない
じょうぶな　はも
なびくかみも　ない

2
あるものといえば
ふかいしわと
とりすぎたとしばかりの
おじいさん

2
だれがはなしにきても
やさしく　あいづちをうっている

1
そうかい
そうかい
なるほど
なるほど

※1が「おじいさん」役。2はナレーター役。1は、せりふは短いが、ゆったりと、おだやかにあいづちをうつ。その共感的な対応に、おじいさんのやさしい人がらが表現できればいいだろう。うなずきながら静かに読むと感じがつかめる。最後の四行については、編者が追加した。

おじいちゃんのおとし　荘司　武

1 2　「おじいちゃんのおとし」　荘司《しょうじ》　武《たけし》

1　おじいちゃん　おじいちゃん
おとしは　いくつと
たずねたら
2　「わすれて　しもうたよ
ははははは」

2　おばあちゃん　おばあちゃん
おとしは　いくつと
たずねたら
1　「まだ　としゃ　わかいよ
ははははは」

※1は女子、2は男子が分担する。「　」はお年寄りらしくゆっくりと読む。「ははははは」の笑い声は、ユーモアをこめて読む。おばあちゃんの笑い声は、少し口をすぼめて「ほほほほほ」に近い発声で読むといいだろう。

きってのあじ　神沢 利子

1
2
「きってのあじ」　神沢《かんざわ》 利子《としこ》

1
おてがみ　だすとき
ひいばあちゃんは
いつも　きってを　なめてから
ふうとうに　ぺたんと　はりつけます

ねえねえ　きっては　おいしいの？
ひいばあちゃんの　すきな　あめみたい？

くちを　つぼめて　しわよせて
ひいばあちゃんが　いいました

2
そのときどきで　ちがうのよ
うれしいときは　あまーくてね
しょっぱかったり　にがかったり

※１は「ひ孫」の役。男子でも女子でもよい。２はひいおばあちゃん役。１は説明とせりふを区別して読む。「ねえねえ　きって　おいしいの？　ひいばあちゃんの　すきな　あめみたい？」はせりふ。おばあちゃんのせりふは少ないが、ゆっくりと、人生の辛酸をなめつくしたように表現する。

おばあちゃんの話

こわせ・たまみ

12「おばあちゃんの話」　こわせ・たまみ

1　おばあちゃんの話は　昔の話
むかしむかしの　いなかの話
2　「れんげが　咲いてでね
ちょうちょが　飛んでてね
おばあちゃんの　おばあちゃんと
おばあちゃんが　歌ってね……」
1　そこだけ　ややっこしいけど
とってもいい日の話
わたしも　おばあちゃんと
行ってみたい日の話

1　おばあちゃんの話は　昔の話
田んぼで　花つみした日の話
2　「ひばりが　鳴いててね
いい風　吹いててね
おばあちゃんの　おばあちゃんに
おばあちゃんが　あまえてね……」
1　いつでも　おんなじだけど
とってもいい日の話
ほんとに　おばあちゃんと
行ってみたい日の話

※1は孫、2はおばあちゃん。ゆったりと静かに、余韻をこめて読む。「おばあちゃんの　おばあちゃんと　おばあちゃんが　歌ってね」は「わたしの祖母と（子どものころの）わたしがいっしょに歌ってね」という意味。

おねえさん

垣内　磯子

1 2 「おねえさん」　垣内《かきうち》　磯子《いそこ》

1 五さいのおたんじょうび
わーい　わたしはもうおねえさんよ
といったら
おねえちゃんが

2 ざーんねんでした
おねえさんは
六さいからなんでした

1 という

1　六さいのおたんじょうび
やったー　六さい
わたしはもう　おねえさんよ
とよろこんだら
おねえちゃんが
2　ざーんねんでした
おねえさんは
七さいからなんでした
1　という

1　それじゃ　いつまでたっても　わたし
おねえさんに　なれないじゃない
おたんじょうびのあさ
わたしはないた

［ジュニアポエム135『かなしいときには』銀の鈴社］

※1が妹、2が姉の役。1は無邪気に。
2はからかい半分に、少し意地悪に
憎ったらしくいう。その言葉を真に
受けて泣いてしまったわたし。

お父さんと同じことばにして

上松　良光

1 2　「お父さんと同じことばにして」　上松《うえまつ》　良光《よしみつ》

1　おかあさんは
おとうさんが会社に行く時には
2　「いってらっしゃい」
1　という
ボクが学校へ来る時は
2　「わすれものない」
「車に気をつけてね」
「いってらっしゃい」

1　とかならずうるさくいう
1　お父さんが会社から帰ると
2　「おかえりなさい」
1　とやさしくいう
　　ぼくが学校から帰ると
2　「しゅくだいある」
1　ときびしい声でしつっこく聞く

1　だれにでも
　　きまっていたほうがいいと思う

※1は子ども。2は母の役。2は夫にいう言葉と子どもにいう言葉を区別して表現する。夫には甘く、子どもにはきびしく。子どもはよく見ている。

おとうさん

鶴見　正夫

12「おとうさん」　鶴見《つるみ》　正夫《まさお》

1 おとうさん
いつから　いつから
おとうさん
2 おまえが　うまれた
ときからさ
1 ふしぎだなあ
おとうさん
1 おとうさん

いつまで　いつまで
おとうさん
2　おまえが　おとなに
なってもさ
1　うれしいなあ
おとうさん

1　おとうさん
たまには　こどもに
なれないの
2　まねして　みたって
なれないよ
1　かわいそうだなあ
おとうさん

※父子の対話。1が子、2が父。1の言葉の中に何回も「おとうさん」がでてくる。それぞれ「呼ぶ」「聞く」「感嘆」「尊敬」「同情」などの意味をふまえて表現する。

川

谷川 俊太郎

1 2 「川」　谷川《たにかわ》 俊《しゅん》太郎《たろう》

1 母さん
川はどうして笑っているの
2 太陽が川をくすぐるからよ
1 母さん
川はどうして歌っているの
2 雲雀《ひばり》が川の声をほめたから
1 母さん

川はどうして冷たいの
2　いつか雪に愛された思い出に
1　母さん
川はいくつになったの
2　いつまでも若い春とおないどし
1　母さん
川はどうして休まないの
2　それはね　海の母さんが
川の帰りを待っているのよ

※母と子の対話。1が子ども、2が母という役割。1は「母さん」と呼んで「……の?」とくりかえし、あどけなく聞く。2はやさしく答える。大自然の摂理を寓意に満ちた解釈で説明している。

3

自分をみつめよう

なくしもの

木村 信子

1 2 「なくしもの」 木村《きむら》 信子《のぶこ》

2 どこでなくしたの
1 と きかれたから
なくしたばしょを しんけんにかんがえた
いくら かんがえても わからないから
そういうと
2 ほんとに ぼんやりなんだから
1 と しかられた
もういちど よくかんがえてみて
たぶん あのとき

あそこかもしれない　と　いうと
2　なぜ　そのとき
すぐに　きがつかなかったの
1　と　しかられた

1　ひとりに　なってから
さっき　いわれたと　おなじことを
いいながら
じぶんで　じぶんをせめた
かってもらったばかりだったんだもの
いちばん　くやしいのは
ぼくだもの

［ジュニアポエム41『でていった』
教育出版センター刊、銀の鈴社発売］

※1が子ども、2が母の役。母親の表現は強くとがめるようにならず、「困った子だね」と、でも、愛情を失わずにやさしく諭すように表現する。あるいは、子どもたちに「自分の母親になったつもりで読んでごらん」と2を読ませても、おもしろいだろう。

ばんがれまーち

阪田　寛夫

1 2　「ばんがれまーち」　阪田《さかた》　寛夫《ひろお》

1　ばんがれ

2　ばんがれ

1 2　ばんがれ　まーち

1　さかだち

2　いっかい

1 2　がんばれ　まーち

1　かたつむりは　よるがこわいとなくだろか

2　おおかみは　あめがいやだとにげだすか

1　あめふる
2　かぜふく
1 2　それから　てんき
1　あさくる
2　よるくる
1 2　そのつぎ　あさだ

1 2　ばんがれ
がんばれ

※楽しい人生の応援歌。「ばんがれ」は「がんばれ」のヴァージョン？　楽しくはしゃいで読む。「かたつむりは　よるがこわいとなくだろか」「おおかみは　あめがいやだとにげだすか」それなのに「きみはどうか」と問うている。この二行は調子を変えて読む。

朝がくると

まど・みちお

1 2 「朝がくると」　まど・みちお

1 朝がくると　とび起きて
2 ぼくが作ったのでもない
1 水道で　顔をあらうと
2 ぼくが作ったのでもない
1 洋服を　きて
2 ぼくが作ったのでもない
1 ごはんを　むしゃむしゃたべる
2 それから　ぼくが作ったのでもない
1 本やノートを
2 ぼくが作ったのでもない

1　ランドセルに　つめて
　　せなかに　しょって
2　さて、ぼくが作ったのでもない
1　靴を　はくと
　　たったか　たったか　でかけていく
2　ぼくが作ったのでもない
1　道路を
2　ぼくが作ったのでもない
1　学校へと
1 2　ああ　なんのために

1　いまに　おとなになったなら
2　ぼくだって
1 2　ぼくだって
　　なにかを作ることが
　　できるようになるために

※「勉強ってなぜするの」「どうして学校へ行くの」そんな問いに答える詩である。くりかえされる「ぼくが作ったのでもない」は、たたみかけるように読みすすめる。最後の五行はゆっくりと希望を胸に読み終える。

へそ　　高橋 忠治

1 2
「へそ」　高橋《たかはし》　忠治《ちゅうじ》

1 「へそに力をいれよ」
2 と、先生はいう。
なるほど
へそは、ずしりと重くなる。

1 「へそを向けて対話せよ」
2 と、先生はいう。
なるほど
へそから、相手のこころがひびく。

1 「へそのことを考えよ」
2 と、先生はいう。
なるほど
へそは、近くにありながら
へんになつかしさをやどしている。

※へそは百態。いろいろな表情と役割がある。1は先生。2はわたしという役割。1のせりふは少ないが、存在感を示すように力強く読む。

ともだち

須永　博士

1 2　「ともだち」　須《す》永《なが》 博《ひろ》士《し》

1　ともだちを　たいせつにするひとが　います
2　ともだちを　きずつけるひとが　います
1 2　あなたは　どちらをするひとに　なりますか
1　いきて　つらいことや
2　さみしいことが　あったとき
1 2　いちばん　うれしいのは
1　ともだちが　やさしくしてくれる　ことです
1 2　ちからを　かしてくれる　ことです
1　あなたは　ぜったい　ともだちをたいせつにする
ひとに　なってほしいのです
1 2　あなた　ともだちと　なかよくしてね

※友だちについての詩である。友だちについて考えようとする年頃の子どもたちに好まれる詩。最後の「あなた　ともだちと　なかよくしてね」は、やさしく諭すように読む。1と2で乱れ読みしてもいいだろう。

出発するのです

山本　瓔子

１２　「出発するのです」　山本《やまもと》　瓔子《ようこ》

１２　出発するのです

１　知らないところがいっぱいあるから

１２　出発するのです

１　朝日が梢をはなれるように

２　風が林を吹きぬけるように

１２　出発するのです

１　暗い土の中から

つき出た　草の芽
2　とじこめられたものを
はねのけていくたのしさ

1 2　出発するのです
2　知らないところがいっぱいあるから
1 2　出発するのです
1　よろこびが波を打ちあげるように
2　雲に向かって舟が進むように
1　汐鳴りが　空をかけめぐるように
1 2　出発するのです

※「出発するのです」はきっぱりと決意をもって明るく表現する。「しゅっぱつ」の最後の「つ」の音が消えないように、はっきりと発声する。新学期、学級びらきに、子どもたちといっしょに読みたい詩である。

4

自然をうたおう

いろんな おとの あめ

岸田 衿子

1 2 「いろんな おとの あめ」 岸田《きしだ》 衿子《えりこ》

1 2 あめ あめ
いろんな おとの あめ

1 はっぱに あたって
2 ぴとん
1 まどに あたって
2 ぱちん
1 かさに あたって
2 ぱらん
1 ほっぺたに あたって
2 ぷちん
1 てのひらの なかに
2 ぽとん

1　こいぬの　はなに
2　ぴこん
1　こねこの　しっぽに
2　しゅるん
1　かえるの　せなかに
2　ぴたん
1　すみれの　はなに
2　しとん
1　くるまの　やねに
2　とてん

1 2　あめ　あめ　あめ　あめ
いろんな　おとの　あめ

※2が雨の音を読む。雨の音のあたる状況をイメージしながらおもしろく表現する。どんな音がするか、想像力をはたらかせて読むわけだ。なお、「ランドセルにあたって　ぼしゃん」など、いろいろつけたして読むのもおもしろい。

せいのび

武鹿　悦子

1 2　「せいのび」　武鹿《ぶしか》　悦子《えつこ》

1　まぶしい　くもに　さわりたくて
2　木は
1　きのうも　せいのび
1 2　きょうも　せいのび

2　とりのように　くもを
とまらせたくて
1　きょうも　せいのび
1 2　あしたも　せいのび

※樹木がぐんぐんと空に向かって伸びる様子を歌っているが、新学期の出発の日に、子どもたちといっしょに読みたい詩である。息をいっぱいに吸って、大きくのびをして「きょうも　せいのび／あしたも　せいのび」そう読むと、内身の力がみなぎってくる。「せえのび」にならないように、「せいのび」と明瞭に発声する。

ふしぎ　金子 みすゞ

1 2 「ふしぎ」　金子《かねこ》みすゞ

1 2 わたしはふしぎでたまらない、
1 黒い雲からふる雨が、
銀に光っていることが。

1 2 わたしはふしぎでたまらない、
2 青いくわの葉たべている、
かいこが白くなることが。

1 2 わたしはふしぎでたまらない、
1 たれもいじらぬ夕顔が、
ひとりでぱらりと開くのが。

1 2 わたしはふしぎでたまらない、
1 だれにきいてもわらってて、
1 2 あたりまえだ、ということが。

※1と2で「わたしはふしぎでたまらない」を読むのは強調するため。ここは気持ちいっぱいに表現する。なお、ほかに「ふしぎでたまらないこと」をとりあげて、つけたして読むとおもしろい。

雨のうた

鶴見　正夫

1 2　「雨のうた」　鶴見《つるみ》　正夫《まさお》

1　あめは　ひとりじゃ　うたえない
1 2　きっと　だれかと　いっしょだよ
2　やねと　いっしょに　やねのうた
1　つちと　いっしょに　つちのうた
2　かわと　いっしょに　かわのうた
1　はなと　いっしょに　はなのうた

2　あめは　だれとも　なかよしで、
1 2　どんな　うたでも　しってるよ
1　やねで　とんとん　やねのうた
2　つちで　ぴちぴち　つちのうた
1　かわで　つんつん　かわのうた
2　はなで　しとしと　はなのうた。

※「とんとん」「ぴちぴち」「つんつん」「しとしと」こういう擬声・擬態語の語感を生かして雨の音を表現する。表現は主観的でよい。自分が感じたように表現すればいいのである。

はるをつまんで　宮沢 章二

1 2 「はるをつまんで」　宮沢《みやざわ》 章二《しょうじ》

1 2 はるを　つまんで　とばしたら
1 しろい　ちょうちょに　なりました
1 2 もいちど　つまんで　とばしたら
2 きいろい　ちょうちょに　なりました

1 しろい　ちょうちょは　あおぞらの
くもと　いっしょに　きえました
2 きいろい　ちょうちょは　なのはなに
かくれて　みえなく　なりました

1 2 はるを　つまんで　とばしましょう
1 しろい　ちょうちょが　そらいっぱい
1 2 もいちど　つまんで　とばしましょう
2 きいろい　ちょうちょが　のにいっぱい

※1は白いちょうちょ、2は黄色いちょうちょを表現する。リズムよく、あたり一面、白いちょうちょ、黄色いちょうちょが乱れ飛ぶ様子を思い浮かべて読む。

雑草のうた　　鶴岡　千代子

1 2　「雑草のうた」　鶴岡《つるおか》　千代子《ちよこ》

1　せっかく　花を　さかせても
　　せっかく　葉っぱを　ひろげても
2　ふりむいていく　人はない
1 2　それでも平気さ　みんなして
　　むんむん草むら　つくってく

2　どんなに　のどが　かわいても
　　どんなに　ほこりを　かぶっても
1　水など　くれる　人はない
1 2　それでも　平気さ　上むいて
　　のびたいほうだい　のびていく

1　オオバコ　ハコベ　ヒメジョオン
　　ちゃんと　名前が　ついてても
2　よびかけてくる　人はない
1 2　それでも　平気さ　いつだって
　　きらきらしながら　生きていく

※「雑草とは、その美点がまだ発見されていない植物である」。エマソンの言葉だが、子どもたちもそうである。「きみたちも雑草のように生きてほしい」、作者のそんな願いが聞こえてくる。路傍でたくましく生きる雑草のように、力強く読む。

5

動物をうたおう

こおろぎ　でんわ

みずかみ　かずよ

12　「こおろぎ　でんわ」　　みずかみ　かずよ

1　リ、リ、リーン
1　リ、リ、リーン
2　おつきまさにでんわです

1　リ、リ、リーン
1　リ、リ、リーン
2　すすきのうみにでんわです

1　リ、リ、リーン
1　リ、リ、リーン
2　めすこおろぎにでんわです

1 2　ひろげたはねは
ほかけぶね
めすこおろぎをのせるふね
つきよのうみに
ふなでです

1　リ、リ、リーン
1　リ、リ、リーン
2　でんわはよるじゅうかかります

※月夜のすすきの原で、めすこおろぎに呼びかけるおすこおろぎを読んだ詩。1はこおろぎの鳴き声。よく似せて表現する。2は説明役だが、軽やかにやさしく表現する。

小鳥

間所 ひさこ

1 2 「小鳥」 間所《まどころ》 ひさこ

1 「じゅりぴぴぴっ」と、小鳥がなく。
2 「じゅりぴぴぴっ」と、ぼくがこたえる。

1 「ふぃいいよう」「ふぃいいよう」
べつの小鳥がないて、とぶ。

2 「ふぃいいよう」「ふぃいいよう」
ぼくがこたえて
あしぶみ。あしぶみ。

1　「ちっ」
2　「ちっ」
　　こんどのやつはわかりいい。

1　「ちっ」
2　「ちっ」
1　「ちちっ」
2　「ちちっ」
1 2　そら、
　　あしたのやくそくできちゃった。

※ぼくと小鳥たちとの会話。1が小鳥、2がぼく。「」内は小鳥の鳴き声らしく表現する。この鳴き声は、なんの鳥かと特定する必要はない。読み手のそれぞれのイメージで読めばいい。

いいやつ見つけた

阪田 寛夫

12「いいやつ見つけた」 阪田《さかた》 寛夫《ひろお》

1 いたずらイタチが　うらの畑で
ニワトリを見つけた
ピョン　こいつぁいいぞ
いいやつ見つけた
ばんごはんにしちゃえ
スープもすてき
ピョン　こいつぁいいぞ

2 おしゃれのニワトリ　うらの畑で

イタチを見つけた
ピョン　こいつぁいいぞ
いいやつ見つけた
えりまきにしちゃえ
それともチョッキだ
ピョン　こいつぁいいぞ

1 2
イタチとニワトリ　うらの畑で
顔と顔見あわせ
ピョン　こいつぁいいぞ
いいやつ見つけた
さびしかったところだ
肩くんでおどろう
ピョン　こいつぁいいぞ

※1がイタチ、2がニワトリの役。最後の連は心境の変化とみるか。最初の二連も、友だちのいない寂しさを強がって隠していたとみるか、ふたつの解釈があるが、その解釈によって「いいやつ見つけた」に微妙な表現のちがいが出るだろう。どちらの解釈でもよい。

山鳩子鳩・粉雪

M・Y子

1 2 「山鳩子鳩・粉雪」　M・Y子

1 お山で鳴くのは山鳩か

2 デデポッポ　デデポッポ　デデポッポ

1 山鳩か

2 山鳩子鳩は親なしか

1 デデポッポ　デデポッポ　デデポッポ

2 親なしか

1 私も一人よ　一人っ子

2 デデポッポ　デデポッポ　デデポッポ

1 鳴くな鳩

1 お背戸の畑のねぎ坊主

1 2 しとしと雨に日も暮れる

《音楽》

1　炭火もまっかに燃えている
　　しんしんお湯がたぎってる
2　外はさらさら粉雪です
1　火鉢を囲んできいている
1 2　みんなでラジオをきいている
2　外はさらさら粉雪です

※この詩は、「ハンセン病文学全集10巻／児童作品」編に所載の、M・Y子さんの「山鳩子鳩」と「粉雪」の詩とで構成した。全集に掲載されているM・Y子さんの詩は八編しかないが、金子みすゞを思わせる作品群である。M・Y子さんは、長島愛生園に入所していたということしかわかっていない。

あめのひのちょうちよ

こわせ・たまみ

1 2「あめのひのちょうちよ」　こわせ・たまみ

1「はなの　かげに　いたね」
2「ちょうちょが　ひっそり　いたね」

1「はなが　かさの　ようね」
2「ぬれないと　いいね」

1「なんだか　ふるえて　いたよ」
2「つかまえたり　しないのに……」

1「みないふりして　かえろ」
1 2「あした　てんきに　なあれ」

※ふたりの子どもの対話。雨の日、あめを避け、花の陰にひっそり身を休めるちょうちょを読んだ。ちょうちょへの共感がうつくしい。

6

楽しい歌を読もう

シャボンとズボン　鶴見　正夫

1 2 「シャボンとズボン」　鶴見《つるみ》　正夫《まさお》

1 シャボンは　ズボンが　だいすきさ
2 ズボンが　よごれて　かえるのを
1 シャボンは　いつでも　まっている

2 のはらで　あそんで　ころがって
　ズボンは　シャボンを　わすれてる
1 シャボンは　ズボンを　おもってる

2 どんなに　きたなく　よごれても
　ズボンは　へいきで　すましてる
1 シャボンは　だまって　あらってる

1 シャボンは　ズボンが　だいすきさ
2 ズボンが　きれいに　なるたびに
1 シャボンは　だんだん　ほそくなる

※シャボンとは石鹸のこと。1がシャボン、2がズボンを表現する。シャボン・ズボンのリズムを生かして読む。楽しいお話のなかに、哀愁がある。現在、衣服は洗剤で洗うが、石鹸で洗った経験を伝えると理解が深まるだろう。

それは ボク　香山 美子

1 2 「それは　ボク」　香山《こうやま》　美子《よしこ》

1 足にはくもの　なあに
2 くつ
1 くつがふむもの　なあに
2 じめん
1 じめんにたっているもの　なあに
2 いえ
1 いえのまどから　みているの　だあれ
2 それは　ママ
1 ママがみているもの　なあに
2 空
1 空にとぶもの　なあに
2 ロケット
1 ロケットがつくとこ　なあに
2 月
1 月のくにから　あいずするのは　だあれ
2 それは　ボク

※連想ゲームのように、イメージがとぶように広がっていき、月までいってしまった。リズムよく受け渡しながら「なあに」「だあれ」と、なぞなぞのように読みすすめる。

あるけ　あるけ　　鶴見 正夫

1 2　「あるけ　あるけ」　鶴見《つるみ》　正夫《まさお》

1 2　どこどん　どこどん
あるけ　あるけ
1　ちきゅうの　たいこ
みんなの　あしで
たたいて　あるけ
2　そら
1 2　どこどん　どこどん
あるけ　あるけ

1 2　どこどん　　どこどん
あるけ　あるけ
2　ちきゅうの　うらで
だれかの　あしも
たたいて　いるよ
1　ほら
1 2　どこどん　どこどん
あるけ　あるけ

※地球を太鼓にみたて、バチはみんなの足。「どこどん」と、大地を踏みしめて歩くことで地球太鼓を打つ。規模雄大なイメージにのせて元気に読む。「あるけ　あるけ」は、リズムが取りにくいので「あーるけ　あるけ」「あるけー　あるけー」と読むといいだろう。

なわとび

芦村 公博

12 「なわとび」

芦村《あしむら》 公博《きみひろ》

1 なわとび
2 ぴょん
1 げんきに
2 ぴょん
12 ぴょん ぴょん ぴょん
1 あせが
きもちよくしてくれる

2 なわとび
1 ぴょん
2 もいちど
1 ぴょん
12 ぴょん ぴょん ぴょん
2 かぜが
きもちよくしてくれる

12 ぴょん ぴょん ぴょん

※ふたりでなかよくなわとび。最後の一行は編者が追記した。「12 ぴょん ぴょん ぴょん」は、
1 ぴょん
2 ぴょん
12 ぴょん
と読んでもいいだろう。

ぼうしのかぶりかた

谷川 俊太郎

1 2 「ぼうしのかぶりかた」

谷川《たにかわ》 俊《しゅん》太郎《たろう》

1 2 ぼうしのかぶりかたを知っているかい
1 もしきみがパンやさんなら
2 白いぼうしをよこかぶり
1 もしきみがえかきさんなら
2 やぶれたベレーをあみだにのっけ
1 もしきみが一年生なら
2 ぶかぶかぼうしを耳までかぶり
1 もしきみがおじょうさんなら
2 いっぺん鏡にそうだんしてから
1 もしきみが兵隊でも
2 鉄かぶとだけはことわること
1 もしきみがお坊さんなら　お坊さんなら　ええと
2 寒くてもがまんするのさ
1 もしきみがびんぼうだったら
2 シルクハットでいぎを正し
1 もしきみがお金もちだったら
2 新聞紙でかぶとをつくり
1 もしきみがあかんぼうなら

2　ぼうしなんてしゃぶっちまえ
1　もしきみがぼうしやさんなら
2　ぼうしなんて見るのもいやだろ
1　もしきみが魚やさんなら
2　もちろんねじりはちまきさ
1　もしきみが哲学者なら
2　はげをかくすものがいる
1　もしきみがものぐさでも
2　かみの毛だけはだいじになさい
1　もしきみがふとっちょだったら
2　ぼうしはせんすのかわりになる
1　もしきみが恋人だったら
2　ぼうしのかげでこっそりキスだ
1　もしきみが人食い土人なら
2　ぼうしをたべてもおいしくないよ
1　もしきみがトンボだったら
2　ぼうしでつかまえられるのに注意
1　もしきみが歌い手だったら
2　ぼうしはさかさに手にもって
　　みんなの寄付をあおぐのさ

※帽子のかぶり方で人生を映し出した詩。ここに登場するいろいろな帽子を用意し、かぶりながら、また、使いながら読むとおもしろい。

おならは　えらい

まど・みちお

12　「おならは　えらい」　まど・みちお

1　でてきた　とき
きちんと
あいさつ　する

2　こんにちわ　でもあり
1　さようなら　でもある
12　あいさつを……

2　せかいじゅうの
どこの　だれにでも
わかる　ことばで……

1　えらい
12　まったく　えらい

※「おならは　えらい」は、いかにも「えらい」というように大仰に表現する。なお、谷川俊太郎氏の詩に「おならうた」がある。その詩に続いてこの詩を読むといっそうおもしろくなる。

7
わらべ歌で遊ぼう

あんたがた　どこさ

1 2　「あんたがた　どこさ」

1　あんたがた　どこさ

2　ひごさ

1　ひご　どこさ

2　くまもとさ

1　くまもと　どこさ

2　せんばさ

1　せんばやまには　たぬきが　おってさ

2　それをりょうしが　てっぽうで　うってさ

1　にてさ

2　やいてさ

1　くってさ
1 2　それを　このはで　ちょいと　かくす
2　あんたがた　どこさ
1　ひごさ
2　ひご　どこさ
1　くまもとさ
2　くまもと　どこさ
1　せんばさ
2　せんばがわには　えびさが　おってさ
1　それをりょうしが　あみさで　とってさ
2　にてさ
1　やいてさ
2　くってさ
1 2　それを　とあみで　ちょいと　かくす

※ふたりが向かいあって、節をつけて歌う。節がわからなければ、動作を加える。「さ」のところで両者の右手のひらをぶつけるというように。また、「さ」を抜かして読み、まちがえたものが負け。そんな遊び方もある。

さよなら三角

1 2 「さよなら三角」

1 2 さよなら三角　またきて四角
1 四角は豆腐
2 豆腐は白い
1 白いはうさぎ
2 うさぎははねる
1 ☆はねるはかえる
2 かえるはみどり
1 みどりは葉っぱ
2 葉っぱは落ちる
1 落ちるはじごく
2 じごくはこわい
1 こわいはおばけ
2 おばけは消える
1 消えるは電気
2 電気は光る
1 2 光るはお空のお星さま

※しりとり。☆以降は次のように読む例もある。
1 はねるはかえる
2 かえるはみどり
1 みみどりはやなぎ
2 やなぎはゆれる
1 ゆれるはゆうれい
2 ゆうれいは消える
なお、最後は「光るはおやじのはげ頭」という読み方もある。

大さむ小さむ

1 2　「大さむ小さむ」

1 2　大さむ小さむ
1　山から小僧が泣いてきた
2　なんといって泣いてきた
1　さむいといって泣いてきた
2　さむけりゃあたれ（焚き火にあたれという意味）
1　あたれば熱い
2　熱けりゃ下がれ
1　下がればさむい
2　さむけりゃあたれ
1　あたれば熱い
2　…………くりかえす

※きりなし歌の一つ。最後は言い合って適当なところでやめる。あるいは、だんだん小さくしていって消える。

鹿 鹿 角何本

藤田 圭雄

1 2 「鹿 鹿 角《つの》何本」 藤《ふじ》田《た》 圭《たま》雄《お》

1 2 しか しか
しか しか
角何本——
1 じゃんけんする子の
小さい手が
にぎってはなす
1 2 秋の風

1 2 げんまん
げんまん
おやくそく——
2 指切りする子の
ほっぺたに
はずんでこぼれる
1 2 ほうせん花

1 2　かごめ　かごめ
かごの中の
とりは――
1　めかくしする子の
指さきに
とまってまたとぶ
1 2　赤とんぼ
1 2　夕焼け　小焼け
あした天気に
なあれ――
2　あしぶみする子の
影ぼうし
かぞえて消える
1 2　あかねぐも

※各連の冒頭は「わらべ歌」の一節である。
そこはゆったりとわらべ歌の節をつけて歌うように読む。

おじょうさんの勉強

12 「おじょうさんの勉強」

1　おじょうさん　おはいんなさい
2　はーい　はいります
1　国語のべんきょう
2　あいうえお
1　算数のべんきょう
2　１２３
1　英語のべんきょう
2　ＡＢＣ
1　おじょうさん　おかえんなさい
2　はーい　かえります

※縄跳びのときの遊び歌。リズムをくずさずに読む。「2　はーい　はいります」の「はーい」は「はあい」と読み「い」にアクセントをつける。

8

童謡を読もう

見てござる

山上　武夫

1 2　「見てござる」　山上《やまがみ》　武夫《たけお》

1　村のはずれの　お地蔵さんは
いつもニコニコ　見てござる
2　仲よしこよしの　ジャンケンポン（ホイ）
石けりなわとび　かくれんぼ
1　元気に遊べと　見てござる（ソレ）
1 2　見てござる

1　田んぼたなかの　かかしどんは
いつもいばって　見てござる
2　ちゅんちゅんばたばた　すずめども（ホイ）
1　お米をあらしに　来はせぬか

お肩をいからし　見てござる（ソレ）
1 2　見てござる

1　山のからすの　かんざぶろうは
いつもかあかあ　見てござる
おいしいおだんご　どこじゃいな（ホイ）
お山のうえから　キョロキョロと
あの里この里　見てござる（ソレ）
1 2　見てござる

1　夜はお空の　お月さんは
いつもやさしく　見てござる
2　あちらのおうちの　よい子ども（ホイ）
こちらのおうちの　よい子ども
1　おねんねしたかと　見てござる（ソレ）
1 2　見てござる

※リズムよく読む。（ホイ）（ソレ）の掛け声でリズムを整える。

春が来た

高野 辰之

1 2 「春が来た」 高野《たかの》 辰之《たつゆき》

1 春が来た 春が来た どこに来た
2 山に来た 里に来た 野にも来た

1 花が咲く 花が咲く どこに咲く
2 山に咲く 里に咲く 野にも咲く

1 鳥が鳴く 鳥が鳴く どこで鳴く
2 山で鳴く 里で鳴く 野でも鳴く

※みんなに親しまれている童謡である。1と2が応答しながら、春の喜びを歌っている。次のように読むこともできる。

1 春が来た
2 春が来た
1 2 どこに来た
1 山に来た
2 里に来た
1 2 野にも来た

肩たたき　　西條　八十

1 2　「肩たたき」　西條《さいじょう》　八十《やそ》

1　母さん　お肩をたたきましょう
2　タントン　タントン　タントントン

1　母さん　白髪がありますね
2　タントン　タントン　タントントン

1　お縁側には日がいっぱい
2　タントン　タントン　タントントン

1　真っ赤なけしが笑ってる
2　タントン　タントン　タントントン

1　母さん　そんなに　いい気もち
2　タントン　タントン　タントントン

※「タントン　タントン　タントントン」が快い響きで表現できれば、お母さんをうとうといい気持ちに誘うことができるだろう。

月の沙漠

加藤　まさを

12　「月の沙漠」　加藤《かとう》　まさを

1　月の沙漠を　はるばると
　旅のらくだが　行きました
2　金と銀との　鞍《くら》置いて
12　二つならんで　行きました

1　金の鞍には　銀の甕《かめ》
2　銀の鞍には　金の甕
12　二つの甕はそれぞれに
　紐《ひも》で結んで　ありました

1　先の鞍には　王子さま
2　後の鞍には　お姫さま
1 2　乗った二人はおそろいの
　白い上着を　着てました

1　広い沙漠を　ひとすじに
1 2　二人はどこへ　行くのでしょう
2　おぼろにけぶる　月の夜を
1 2　対《つい》のらくだはとぼとぼと

1　砂丘を越えて　行きました
2　黙って越えて　行きました

※メルヘンチックな夢幻的な童謡である。感情を込めて読むのもよし、静かに淡々と読むのもよし、それぞれの思いを込めて読む。1が「先」「金」「王子」、2が「後」「銀」「お姫さま」というように分担してある。

田舎はいいな

伊藤　アキラ

1 2 「田舎はいいな」　伊藤《いとう》　アキラ

1 田舎の空は　おおきいな
2 地球儀みたいに　まあるいな
1 雲ものんびり　お昼寝してる
ときどき　もっこり　せのびする
田舎はいいな　ナカナカ　いいな
1 2 田舎はいいな　ナカナカ　いいな
2 田舎の夜は　こわいんだ
1 闇夜のカラスだ　真っ暗だ
2 だから　花火が　キラキラ　見える

子犬の目玉も　よく光る
田舎はいいな　ナカナカ　いいな
1 2　田舎はいいな　ナカナカ　いいな

1　田舎の海は　おおきいな
2　お日さまだって　およげそう
1　耳に貝殻　近づけたらね
遠くの国から　子守歌
田舎はいいな　ナカナカ　いいな
1 2　田舎はいいな　ナカナカ　いいな

※「田舎はいいな　ナカナカ　いいな」の「ナカ」は「田舎」の「なか」にかけてある。囃子ことばのように調子をつけてくりかえす。

歌の町

勝　承夫

1 2　「歌の町」　勝《かつ》　承夫《よしお》

1　よい子の住んでる　よい町は
1 2　楽しい楽しい　歌の町
1　花屋は　チョキチョキ　チョッキンナ
2　かじ屋はカチカチ　カッチンナ

1　よい子の集まる　よい町は
1 2　楽しい楽しい　歌の町
1　雀はチュンチュン　チュンチュクチュン
2　ひ鯉はパクパク　バックリコ

1　よい子が元気に　あそんでる
1 2　楽しい楽しい　歌の町
1　荷馬車はカタカタ　カッタリコ
2　自転車チリリン　チリリンリン
1　よい子のおうちが　ならんでる
1 2　楽しい楽しい　歌の町
1　電気はピカピカ　ピッカリコ
2　時計はチクタク　ボンボンボン
1 2　時計はチクタク　ボンボンボン

※「チョキチョキ　チョッキンナ」「カチカチ　カッチンナ」「チュンチュン　チュンチュクチュ」「チクタク　ボンボンボン」等の擬態語・擬声語はそれらしく軽快に読む。最後の一行は編者が付け加えた。ゆっくりと閉じるように読んでまとめる。

＊——ＣＤ収録出演者

〔日本群読教育の会　会員〕

相原　和正・綾　玲子・小川　悟・海上　和子・加藤　征子・
坂尾　知宏・重水　健介・長塚　松美・伏見　かおり・
馬見塚　昭久・毛利　豊・山口　聡・山田　幸子

装丁・ＣＤデザイン＝商業デザインセンター・松田　礼一

日本群読教育の会

「声の文化」としての群読を研究し、実践する有志の会として発足。年に一度の全国研究大会をはじめ、群読実技講座の開催や会員の実践記録集の出版、会報・脚本集も発行している。
ホームページ http://gundoku.web.infoseek.co.jp/

家本芳郎（いえもと よしろう）

1930年、東京生まれ。神奈川県の小・中学校で約30年間、教師生活を送る。その間学校づくり、生徒会、行事・文化活動の指導、授業研究に励む。退職後、著述・講演活動に入る。長年、全国生活指導研究協議会、日本生活指導研究所の活動に参加する一方、みずから全国教育文化研究所、日本群読教育の会を主宰。とくに群読教育の普及に力を注いだ。2006年２月没。
著書：『ＣＤブック・家本芳郎と楽しむ群読』（高文研）ほか多数。

JASRAC 出0511255-501

《群読》実践シリーズ ふたり読み

●2005年９月20日――――第１刷発行
●2008年10月１日――――第３刷発行

企画・編集／日本群読教育の会＋家本芳郎

発 行 所／株式会社 高 文 研
東京都千代田区猿楽町２－１－８（〒101-0064）
☎03-3295-3415 振替口座／00160-6-18956
ホームページ http://www.koubunken.co.jp

組版／ＷｅｂＤ（ウェブ ディー）
印刷 製本／三省堂印刷株式会社

ISBN978-4-87498-345-4 C0037